Iris Helms

Die skandinavische Masche

Dekorative Geschenkideen aus fertigem Strickschlauch durchs Jahr hindurch

frechverlag

Im frechverlag sind weitere Bücher zu interessanten Kreativ-Themen erschienen. Hier eine Auswahl:

Fotos: frechverlag GmbH + Co. Druck KG, 70499 Stuttgart;
Fotostudio Ullrich & Co. Renningen

Auflage:	5.	4.	3.	2.	1.	Letzte Zahlen
Jahr:	2000	99	98	97	96	maßgebend

frechverlag GmbH + Co. Druck KG, 70499 Stuttgart

ISBN 3-7724-2055-9· Best.-Nr. 2055

Druck: frechverlag GmbH + Co. Druck KG, 70499 Stuttgart

Mit der skandinavischen Strickschlauchmasche möchte ich Ihnen eine alte Bastelidee aus dem Norden Europas vorstellen.
Damit lassen sich lustige Geschenke und Dekorationen anfertigen, die bestimmt immer gut ankommen werden.

Strickschlauch ist deshalb so interessant, weil Sie keine speziellen Vorkenntnisse und auch keine Nähmaschine benötigen. Schere, Draht, Klebstoff und Nähnadel sind die einzigen Handwerkszeuge, die für die Anfertigung der gezeigten Motive unentbehrlich sind.

Da macht das Handarbeiten richtig Spaß!

Strickschlauch ist aber auch ein sehr vielseitiges und preiswertes Material, das das ganze Jahr über wunderschöne Gestaltungsmöglichkeiten bietet:
Eine Faschingsdekoration mit einem Clown, einen dekorativen Osterkranz, ein lustiges Brautpaar als Hochzeitsgeschenk, originelle Kleinigkeiten und nicht zuletzt Motive für die Weihnachtszeit.

Sie können aber auch Ihre Phantasie spielen lassen und eigene Ideen entwickeln.
Ich wünsche Ihnen viel Freude beim Arbeiten mit diesem faszinierenden Material.

Ihre
Iris Helms

Handwerkszeug

- Heißklebepistole
- Schere
- Drahtzange
- Nähnadel
- Transparenter Bastelkleber
- Wasserfester, nicht ausfasernder Stift (z.B. Edding Nr. 8130)

Material

Strickschlauch ist in verschiedenen Breiten im Fachgeschäft erhältlich: als Meterware, unifarben und gestreift.

Für die Versäuberung der Schnittkanten gibt es verschiedene Möglichkeiten:

- den Strickschlauch 0,5 cm hinter der Schnittkante mit einem Faden abbinden
- den hinter der Schnittkante aufzunehmenden Faden in eine Nähnadel fädeln, jede einzelne Masche aufnehmen und anschließend vernähen
- den Styroporuntergrund einritzen und die Schnittkante des Strickschlauchs mit dem Messerrücken hineindrücken
- den Strickschlauch 1 cm nach innen einschlagen und festkleben
- den Schlauch ca. 2 cm nach außen einrollen und evtl. mit dem Bastelkleber befestigen

Holzperlen und **Holzbuttons** erhalten Sie in verschiedenen Größen und mit bereits bemalten Gesichtern.
Chenilledraht (=Pfeifenputzer) benötigen Sie zur Stabilisierung.

Tips:

Biegen Sie den ersten Zentimeter des Chenilledrahtes um, bevor Sie ihn durch den Strickschlauch schieben, um Ziehfäden zu vermeiden. Ist der Strickschlauch zu breit, können Sie ihn rechts auf rechts mit wenigen Stichen auf die gewünschte Breite abnähen. Holzperlen lassen sich gut mit einem stumpfen, starken Messer mittig durch festes Andrücken teilen.

Schlauchmännchen

(Abbildung Seite 6)

- 1 Holzkugel für den Kopf, 25 mm Ø
- 1 Chenilledraht für die Beine, 16 cm lang
- 1 Chenilledraht für die Arme, 8 cm lang
- 16 cm Strickschlauch für die Beine, 1 cm breit
- 8 cm Strickschlauch für die Arme, 1 cm breit
- 2 Holzperlen, 8 mm Ø
- 2 Holzschuhe
- 8 cm Strickschlauch für die Mütze, 3 cm breit
- Samtfaden, Glöckchen, Filz, Chenilledraht zum Verzieren

Die große Holzperle mit einem Gesicht bemalen. Dazu einen nicht ausfasernden, wasserfesten Stift verwenden. Beziehen Sie die beiden Chenilledrahtstücke mit Strickschlauch. Das längere Stück in der Mitte knicken, die Knickstelle in die Bohrung des Kopfes 1 cm tief einkleben. Das ergibt den Rumpf und die Beine des Schlauchmännchens. Nun biegen Sie den Chenilledraht auseinander. In der Mitte legen Sie ein 8 cm langes Stück Chenilledraht für die Arme hinein. Direkt unter den Armen schlingen Sie die Beine einmal fest umeinander – so entsteht die Grundfigur eines Strickschlauchmännchens.
An den Armen wird je eine Holzperle für die Hände und an den Beinen je ein Holzschuh befestigt. Das breite Stück Strickschlauch wird zu einer Mütze verarbeitet (vgl. S. 4) und auf dem Kopf festgeklebt.

Schlauchmännchen

Hans und Franz, die Schneemänner

Hans

- 2 Skier
- 2 kleine Besen
- 8 cm schwarzer Strickschlauch für die Mütze, 3 cm breit
- 1 Styroporkugel, 3 cm Ø
- 1 Styroporkugel, 5 cm Ø
- 1 Zahnstocher aus Holz
- 20 cm gelber Strickschlauch für den Schal, 1 cm breit
- Grüner Samtfaden
- 20 cm gelber Chenilledraht für den Schal
- Kunstschnee
- Pinsel
- Weiße, schwarze und rote Lackmalfarbe
- Strukturschnee

Franz

- 2 Skier
- 2 Skistöcke
- 1 Styroporkugel, 6 cm Ø
- 1 Styroporkugel, 4 cm Ø
- 30 cm roter Strickschlauch, 1 cm breit
- 28 cm roter Chenilledraht
- 1 Zahnstocher aus Holz
- Roter und weißer Samtfaden
- 2 weiße Pompons, 6 cm Ø
- 1 schwarzer Pompon, 6 cm Ø
- 8 cm schwarzer Strickschlauch, 4 cm breit
- 2 Wackelaugen, 5 mm Ø
- Kunstschnee
- 1 cm roter Chenilledraht für die Nase

Hans
Die Styroporkugeln mit Strukturschnee großzügig anmalen und trocknen lassen. Mit dem Zahnstocher zusammenstecken und verkleben. Als Arme werden die Besen befestigt. Den Chenilledraht durch den Strickschlauch stecken und die Enden abbinden, sie ergeben den Schal.
Aus dem schwarzen Strickschlauch die Mütze gestalten und festkleben. Anschließend die Skier noch mit Klebstoff einstreichen, den Körper befestigen und den Rest des Klebstoffs mit Kunstschnee abstreuen. Nun bekommt Hans noch ein lustiges Gesicht. **Franz** wird ebenso gearbeitet, allerdings werden die Skistöcke anstelle der Besen am Körper des lustigen Gesellen befestigt, und er wird nicht mit Strukturschnee bemalt.

Peppino, der Clown

- Chenilledraht, 20 cm, 16 cm und 8 cm lang
- 20 cm geringelter Strickschlauch für die Hose, 4 cm breit
- 16 cm geringelter Strickschlauch für die Arme, 4 cm breit
- 2 Buttons für die Füße, 3 cm Ø
- 1 Styroporkugel für den Kopf, 4 cm Ø
- 2 rote Pompons, 10 mm Ø
- 2 Holzperlen für die Hände, 12 cm Ø
- 1/2 rote Holzperle, 8 mm Ø
- 1 kleiner Zylinder
- Weiße Kunsthaarlocken
- 1 goldfarbenes Musikinstrument
- 3 Wasserbomben
- Kupferdraht
- Korkplatte
- Hautfarbene Keramikfarbe
- Schwarzer, weißer und roter Lackmalstift

Zuerst die Styroporkugel mit der Keramikfarbe bemalen und gut trocknen lassen. Die beiden langen Chenilledrahtstücke mit Strickschlauch überziehen.

Nun können die Holzperlen als Hände und die Buttons als Füße angeklebt werden. Arme und Beine in der Mitte mit Chenilledraht zusammenbinden, die Styroporkugel aufspießen und verkleben.

Anschließend die Haare, den Zylinder und die halbe Holzperle als Nase festkleben.

Nun die Augen und den Mund mit Lackmalstiften aufmalen.

Den Clown auf der Korkplatte befestigen und ihn mit den aus den Wasserbomben gefertigten Luftballons, Pompons und dem Musikinstrument dekorieren.

Pipo, die Tischkarte

- 1 Tischkarte
- 1 Holzbutton, 40 mm Ø
- 12 cm geringelter Strickschlauch, 4 cm breit
- 1 Glocke
- Schwarze, rote und weiße Lackfarbe

Den Strickschlauch zur Mütze verarbeiten und auf den Holzbutton kleben.

Am Zipfel die Glocke befestigen und Pipos Gesicht malen.

Anschließend Pipo auf die Tischkarte kleben.

Pipo

Lene und Nils beim Eiersuchen

Lene und Nils werden nach der Strickschlauchmännchen-Anleitung (Seite 5) angefertigt.

Lene

- Gelber Samtfaden
- 2 Holzperlen, 4 mm Ø
- 10 cm geringelter Strickschlauch für das Kleid, 6 cm breit

Den Strickschlauch rechts auf rechts zusammennähen (Schulternähte), in der Mitte einen halben Zentimeter offen lassen.
1 cm unterhalb der Schulternähte die Armlöcher einschneiden. Das Kleid anziehen und anschließend den Kopf befestigen. Armausschnitte des Kleides an dem Arm festnähen.

Tip:
An dem versäuberten Ende der Mütze einen gelben Faden mit 2 Holzperlen befestigen.

Nils:

- Grüner Filz
- Gelber Pompon, 12 cm Ø
- Holztrog
- Holzperlen, 8 mm Ø
- Holzplatte
- Efeu und Blattwerk

Aus dem Filz einen 6,5 cm großen Kreis schneiden.
Den Kreisrand reihen und zusammenziehen – das ergibt Nils' Filzhut. Einen 3,5 cm langen Halbmond ausschneiden und als Schirm unter den Hutrand kleben.
Den Pompon daraufsetzen. Einen 14 cm langen, 1 cm breiten Filzstreifen als Schal um den Hals binden. Die Enden fransig einschneiden. Lene und Nils und den Holztrog auf die Holzplatte kleben und mit Efeu und Holzperlen verzieren.

Pipp und Papp auf der Stange

- 2 Wattekugeln, 2,5 cm Ø
- 2 x 6 cm gelber Strickschlauch, 3 cm breit
- 1 Schaschlikspieß
- Gelbe Federn
- 4 Wackelaugen
- Roter Filz
- Gelbe Keramikfarbe
- 1 teilbare Plastikkugel, 12 cm Ø
- Efeu
- 3 m Schleifenband
- 1 m Satinband zum Aufhängen

Popp, der Anhängliche

- 1 Wattekugel, 2,5 cm Ø
- 6 cm gelber Strickschlauch, 3 cm breit
- 1 gelbe Feder
- 2 Wackelaugen
- Roter Filz
- Gelbe Keramikfarbe

Die Wattekugeln mit der gelben Keramikfarbe grundieren und gut trocknen lassen. Als Schnabel eine rote Filzraute ausschneiden und auf die Wattekugel kleben.
Anschließend den Strickschlauch als Mütze versäubern und auf der Wattekugel befestigen. Eine Feder als Schwanz festkleben.
Den Schaschlikspieß quer in die Kugel kleben und die Küken darauf befestigen. Nun nur noch mit Efeu, Schleifen und Federn dekorieren.

Tip:
Kleben Sie die Sitzstange in die Kugelhälfte mit dem überstehenden Rand, damit sich die Stange beim Verschließen nicht verschiebt.

Kiki, das Stockküken

- 1 Holzstab
- 1 Styroporkugel, 5 cm Ø
- 1 Styroporei, 6 x 8 cm
- 15 cm gelber Strickschlauch für den Körper, 4 cm breit
- 30 cm geringelter Strickschlauch für den Schal, 1 cm breit
- 8 cm gelber Strickschlauch für den Kopf, 4 cm breit
- 1 Schaschlikspieß
- 3 Federn
- Roter Filz
- 2 Wackelaugen mit Wimpern, 8 mm Ø
- 1 Zylinder

Die Styroporteile mit Strickschlauch überziehen und die Schnittkanten versäubern. Nun Kopf und Rumpf mit einem Schaschlikspieß zusammenstecken und verkleben. Jetzt die Schwanz- und Flügelfedern ankleben. Aus dem roten Filz eine Raute für den Schnabel ausschneiden und auf die versäuberte Strickschlauchstelle kleben. Anschließend die Augen und den Zylinder befestigen. Nun den versäuberten Strickschlauchschal so um den Hals legen, daß ein Ende die Bauchmitte bedeckt. Kiki zum Schluß auf den Holzstab stecken.

Rundi, der Eierkranz

- 10 Plastikeier
- 40 cm gelber Strickschlauch für das Aufhängeband, 4 cm breit
- 1 m gelber Strickschlauch für den Kranz, 4 cm breit
- 75 cm gelber Strickschlauch für die Schleife, 4 cm breit
- 3 m grünes Satinband, 3 mm breit
- 8 Holzperlen, 12 mm Ø
- 8 Holzperlen, 8 mm Ø
- 10 gelbe Chenilledrähte à 15 cm

Die Eier mit dem Strickschlauch überziehen, nach jedem Ei mit Chenilledraht abbinden und den Kreis zusammennähen. Das Satinband um die Nahtstelle und die einzelnen Abbindestellen schlingen, kurz verknoten und mit je einer Holzperle verzieren.

Aus dem versäuberten Strickschlauch eine Schleife binden und diese mit dem Satinband verzieren. Der restliche versäuberte Strickschlauch dient als Aufhängeband.

Flochti, der Osterflechtkranz

- 3 x 80 cm gelber Strickschlauch, 4 cm breit
- 1 m gelb-grüner Strickschlauch für die Schleife, 6 cm breit
- Füllwatte
- 1 m gelbes Satinband, 3 mm breit
- 2 Leitern
- Blüten und Efeu

Jeweils ein Ende des Strickschlauches versäubern und gleichmäßig mit Füllwatte ausstopfen.
Die drei Schläuche zu einem Zopf flechten und die Enden zu einem Kreis vernähen. Abschließend läßt man der Phantasie freien Lauf und dekoriert den Kranz mit Efeu, Blüten, Leitern und einer Strickschlauchschleife.

Tip:
Den Strickschlauch zur Hälfte aufkrempeln und mit einer leicht geöffneten, langen Schere die Füllwatte hineinschieben.

Silke und Rolf, das Brautpaar

Rolf der Bräutigam

- 1 Styroporkugel für den Kopf, 60 mm Ø
- 1 Styroporkugel für den Bauch, 80 mm Ø
- 1 schwarzer Zylinder, 60 mm Ø
- 12 cm hautfarbener Strickschlauch für den Kopf, 6 cm breit
- 12 cm schwarzer Strickschlauch für den Körper, 8 cm breit
- 1 Holzscheibe
- 20 cm schwarzer Chenilledraht für die Arme
- 20 cm schwarzer Strickschlauch für die Arme, 2 cm breit
- 2 Holzkugeln für die Hände, 12 mm Ø
- 2 Wackelaugen, 10 mm Ø
- Schwarze und rote Lackfarbe
- Weißes Satinband
- 4 Stecknadeln mit schwarzem Kopf für Nase und Knöpfe
- Blüten

Den Bauch mit schwarzem Strickschlauch überziehen, versäubern und anschließend auf der Holzscheibe befestigen. Den Kopf mit hautfarbenem Strickschlauch überziehen, versäubern und bemalen. Diesen anschließend auf den Rumpf kleben. Den Zylinder und die Augen mit Klebstoff befestigen. Die versäuberten Arme am Nacken anbringen und als Hände Holzkugeln aufkleben. Den Bräutigam mit dem Satinband, den Stecknadeln und den Blüten verzieren.

Silke, die Braut

- 1 Styroporkugel für den Kopf, 60 mm Ø
- 1 Styroporkugel für den Körper, 80 mm Ø
- 12 cm hautfarbener Strick schlauch, 6 cm breit
- 12 cm weißer Strickschlauch, 8 cm breit
- 1 Holzscheibe
- 20 cm weißer Chenilledraht für die Arme
- 20 cm weißer Strickschlauch für die Arme, 2 cm breit
- 2 Holzkugeln für die Hände, 12 mm Ø
- 2 Wackelaugen mit Wimpern, 10 mm Ø
- Blonde Kunsthaarlocken
- 20 cm Tüll, 10 cm breit
- Blüten
- Rote und schwarze Lackfarbe
- 1 Stecknadel mit rotem Kopf
- Stecknadeln mit weißem Kopf
- 1 Hochzeitsstrauß
- 1 Beutel Perlenstränge

Die Verarbeitung des Strickschlauchs entspricht der beim Bräutigam. Die Haare festkleben, den Tüll als Schleier mit Nadeln befestigen und mit Blüten verzieren.
Die Perlenstränge zu einer Kette drehen und ebenfalls mit Blüten verzieren. Die rote Stecknadel dient als Nase.

Geldschmetterling

- Geldscheine
- 1 weißer Chenilledraht
- 2 rote Holzperlen, 6 mm Ø

Die Geldscheine falten, mit dem Chenilledraht verknoten und am Ende zwei Holzperlen feststecken.

Schneewittchen und die sieben Zwerge

- 1 Eierpappe für 30 Eier
- 8 Holzkugeln, 3 cm Ø
- 7 x 8 cm Strickschlauch in unterschiedlicher Farbe, 3 cm breit
- 1 Holzkugel, 2 cm Ø
- Verschiedenfarbige Samtfäden
- 8 keine Holzbuttons für die Teller
- 1 Schale mit Hölzchen oder Reis
- Braune Sandsteinglitzerfarbe
- Schwarzer, nicht ausfasernder Stift
- Schwarzes Kunsthaar
- 1 Korkplatte, 10 cm Ø

Zwölf Eiertürme als Kreuz aus der Eierpappe herausschneiden (außen herum befinden sich acht Türme) und braun grundieren. Einen Eierturm aus dem Rest zusätzlich ausschneiden und grundieren. Auf einem der acht Eiertürme wird die kleine Holzkugel und anschließend ein weiterer, ebenfalls bemalter Eierturm befestigt. Diese Figur gibt das Schneewittchen. Die weiteren Holzkugeln mit Gesichtern bemalen und auf die Eiertürme im äußeren Bereich kleben. Den Strickschlauch versäubern und auf die Köpfe kleben.

Die Korkplatte wird als Tisch in die Mitte gelegt, auf ihr werden umgedrehte Holzbuttons als Teller befestigt. Eine Schale mit Hölzchen oder Reis wird in die Mitte gestellt.

Der Kopf von Schneewittchen wird abschließend mit ebenholzschwarzen Haaren verziert.

Matzi, der Matrose

- 1 Holzkugel mit Großbohrung, 50 mm Ø
- 10 cm blau-weißer Strickschlauch, 6 cm breit
- 1 Glocke
- Weiße Kunsthaarlocken
- 50 cm blau-weißer Strickschlauch, 1,5 cm breit
- 2 weiße Pompons, 20 mm Ø
- Schwarzer, nicht ausfasernder Stift
- Weißer Lackmalstift

Flaschenkopf Trudl

- 1 Holzkugel mit Großbohrung, 50 mm Ø
- 10 cm blauer Strickschlauch, 6 cm breit
- 1 Glocke
- Braune Kunsthaare
- Schwarzer, nicht ausfasernder Stift

Die Holzkugeln für die jeweilige Figur bemalen und mit den Haaren und der versäuberten Strickschlauch-Mütze bekleben. Mit dem weißen Lackstift können Sie in die Augen nach dem Trocknen einen Lichtpunkt setzen. Die Enden des Schals (Matzi) versäubern und mit Pompons verzieren.

Flaschenkopf Mudl

- 1 Holzkugel mit Großbohrung, 50 mm Ø
- 10 cm geringelter Strickschlauch, 6 cm breit
- 1 Glocke
- Schwarze Kunsthaare
- Schwarzer, nicht ausfasernder Stift
- Roter Samtfaden
- 1 Efeublatt
- Weißer Lackmalstift

Suffi, der Flaschenöffner

- 1 Rohholz-Flaschenöffner mit Holzkugel, 30 mm Ø
- 20 cm geringelter Strickschlauch, 4 cm breit
- Braune Kunsthaarlocken
- 1 Glocke
- 25 cm Satinband, 5 mm breit
- Schwarzer, nicht ausfasernder Stift

Grauni, der Korkenzieher

- 1 Rohholz-Korkenzieher
- 1 Holzkugel, 30 mm Ø
- Graumeliertes Haarfell
- 10 cm weißer Strickschlauch, 3 cm breit
- Grüner und weißer Samtfaden
- Schwarzer, nicht ausfasernder Stift

Tapsi, der Marionettenwurm

- 2 cm roter Chenilledraht für die Nase
- 25 cm geringelter Strickschlauch, 4 cm breit
- 4 x 15 cm grauer Strickschlauch, 1 cm breit
- 8 Holzbuttons, 2 cm Ø
- 5 Holzkugeln, 3 cm Ø
- 1 durchbohrte Holzkugel für den Kopf, 4,5 cm Ø
- 2 blaue Federn
- 2 Wackelaugen, 1 cm Ø
- 1 Brille
- 15 cm roter Chenilledraht für den Schal
- 4 x 10 cm Holzstangen, 8 mm breit
- 20 cm Holzleiste, 7 x 20 mm
- Zwirn

Den breiten Strickschlauch rechts auf rechts zusammennähen und jeweils eine Holzkugel einschieben. Nun den Strickschlauch abnähen und das Endstück in die Bohrung der großen Holzkugel einkleben. In der vorderen Bohrung den Chenilledraht als Nase befestigen. Den grauen Strickschlauch an den Schnittkanten versäubern und auf die Buttons kleben. Die Beine möglichst mittig jeweils zwischen zwei Holzkugeln annähen. Am Schwanz und auf dem Kopf eine Feder befestigen. Augen ankleben und den roten Chenilledraht als Schal um den Hals legen. Nun aus den Holzstangen ein Marionettenkreuz kleben und die Beine gleichmäßig daran aufhängen. Abschließend bekommt Tapsi seine Brille.

Tutzi, die Raupe

- 2 Holzkugeln, 25 mm Ø
- 2 Holzkugeln, 30 mm Ø
- 2 Holzkugeln, 35 mm Ø
- 1 Holzkugel, 40 mm Ø
- 1 Glocke
- Roter und weißer Samtfaden
- 8 cm roter Strickschlauch, 4 cm breit
- 25 cm rot-weiß geringelter Strickschlauch, 4 cm breit
- 2 Wackelaugen, 10 mm Ø
- 1 roter Pompon, 12 mm Ø
- Filz als Zunge
- Schwarzer, nicht ausfransender Stift

Schieben Sie die kleinen und mittleren Holzkugeln in den an einem Ende versäuberten Strickschlauch. Nach jeder Kugel wird dieser mit dem Samtfaden abgebunden. Das letzte Stück am Hals stecken Sie in die Öffnung der großen Holzkugel und verkleben es. Nun befestigen Sie noch die Mütze aus versäubertem Strickschlauch und geben Tutzi Augen, eine Pompon-Nase und eine Filzzunge. Der Mund wird vorher aufgemalt.

Susi, der Broschenkopf

- 1 Broschennadel
- 1 Holzbutton, 40 mm Ø
- 8 cm Strickschlauch, 4 cm breit
- Samtfaden
- Schwarzer, nicht ausfasernder Filzstift

Willi und Billi

(Krawattennadel)

- 1 Krawattennadel
- 2 Holzbuttons, 30 mm Ø
- 2 x 8 cm weißer Strickschlauch, 3 cm breit
- Roter Samtfaden
- 1 Glöckchen
- 2 rote Holzperlen, 4 mm Ø
- Schwarzer, nicht ausfasernder Filzstift

Ria und Mia

(Haarspange)

- 1 Haarspange
- 2 Holzbuttons, 40 mm Ø
- 2 x 8 cm geringelter Strickschlauch, 4 cm breit
- Roter und weißer Samtfaden
- Schwarzer, nicht ausfasernder Filzstift

- Für alle Modelle: Glöckchen oder Holzperlen zum Verzieren

Die Gesichter auf die Buttons malen.

Den versäuberten Strickschlauch zur Mütze verarbeiten und auf die Buttons kleben.

Mit Glöckchen oder Holzperlen verzieren.

Helmine, die lustige Hexe

- Styropor-Figurenkegel, 15 cm hoch
- 44 Stück rotes Drahtkantenband, 7 cm x 4 cm
- Stecknadeln
- 15 cm weißer Strickschlauch für den Kopf, 6 cm breit
- 20 cm roter Strickschlauch für die Mütze, 6 cm breit
- 1 große Glocke
- Sternpailletten
- Rote Rocailles
- Weiße Kunsthaarlocken
- 30 cm roter Strickschlauch für den Schal, 1 cm breit
- 20 cm geringelter Strickschlauch für die Arme, 1 cm breit
- 2 naturfarbene Holzkugeln, 12 mm Ø
- 20 cm weißer Chenilledraht
- 1 grüne Filzplatte, 20 x 30 cm
- Roter Samtfaden
- 1 Brille
- 2 Wackelaugen, 8 mm Ø
- Schwarze Lackfarbe
- Füllwatte
- 1 Holzleiter

Den Kopf und den Hals des Figurenkegels mit weißem Strickschlauch überziehen, anschließend den Kegel von unten bis zum Hals in der Artischockentechnik bestecken.

Tip:
Zur Artischockentechnik gibt es zahlreiche Bücher, vgl. Seite 2!

Weiße Locken um den Kopf kleben, die versäuberte Strickschlauchmütze mit etwas Watte ausstopfen und diese um den Kopf kleben. Das Ende mit einer Glocke versehen. Den Chenilledraht durch den geringelten Strickschlauch schieben und versäubern; am Ende jeweils eine Holzperle als Hände befestigen und den Draht um den Hals kleben. Das obere Filzende ein wenig einkräuseln und ebenfalls um den Hals kleben. Nun noch der lustigen Hexe den versäuberten Schal umlegen. Auf die Mütze und das Filzcape Sterne kleben, das Gesicht malen, die Augen aufsetzen und ganz zum Schluß eine kleine Brille auf die Nase setzen und die Leiter am Arm befestigen.

(Advents-)Fesselballon

- ▲ 124 Stück weißes Band, 4 cm x 7 cm
- ▲ 32 Stück rotes Band, 5 cm x 7 cm
- ▲ 161 Stück grünes Band, 4 cm x 7 cm
- ▲ 146 Stück rotes Band, 4 cm x 7 cm
- ▲ 1 Styroporkugel für den Kopf, 80 mm Ø
- ▲ 14 cm hautfarbener Strickschlauch für den Kopf, 8 cm breit
- ▲ 1 Styroporkugel für den Körper, 10 cm Ø
- ▲ 14 cm roter Strickschlauch für den Körper, 10 cm breit
- ▲ 70 cm weiße Federboa (25 cm Haare, 45 cm Bart)
- ▲ 35 cm roter Strickschlauch für die Mütze, 8 cm breit
- ▲ 25 cm roter Strickschlauch für die Arme, 2 cm breit
- ▲ 2 Wackelaugen, 10 mm Ø
- ▲ Schwarzer und roter Lackmalstift
- ▲ 25 cm roter Chenilledraht für die Arme
- ▲ 2 rote Holzperlen für die Hände, 12 mm Ø
- ▲ 1 weißer Pompon, 50 mm Ø
- ▲ Styroporkugel, 25 cm Ø (Ballon)
- ▲ Korb

Für 24 Adventspäckchen:

- ▲ 24 x 12 cm roter Strickschlauch für das Päckchen, 6 cm breit
- ▲ Weißer und grüner Samtfaden
- ▲ Moosgummizahlen
- ▲ Watte oder Leckereien zur Füllung
- ▲ Grüner Weihnachtsstoff

Den Fesselballon in der Artischockentechnik dekorieren (siehe Literatur Seite 2), mit der Jutekordel verzieren und den Korb daranhängen. Dann überziehen Sie die beiden Styroporkugeln für den Kopf und den Körper jeweils mit dem Strickschlauch und versäubern diesen. Nähen Sie die beiden Teile übereinander.

(Fortsetzung Seite 28)

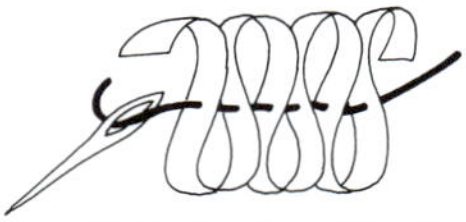

Das kurze Stück der Federboa wird als Haarkranz um das Gesicht geklebt. Die restliche Federboa legen Sie laut Zeichnung oben zusammen und vernähen diese zu einem Bart, der nur im oberen Teil aufgeklebt wird. Augen befestigen und das Gesicht malen. Den Strickschlauch für die Mütze an einem Ende zusammenziehen, Pompon befestigen und vernähen, das andere Ende aufrollen und auf den Kopf kleben. Den Chenilledraht mit Strickschlauch überziehen, versäubern und rote Holzperlen als Hände festkleben. Die Arme am Nacken befestigen und den Nikolaus im Korb befestigen.

Sie können den Fesselballon auch als Adventskalender anfertigen. Dazu die 24 Strickschlauchteilchen versäubern und mit Leckereien oder Watte füllen und abbinden. Die Säckchen werden an mehreren Juteschnüren von der Nikolaushand herabgelassen. Wenn sie zu schwer sein sollten, befestigen Sie die Stränge entweder am Korb oder am Ballon. Nun noch die Moosgummizahlen auf die Säckchen kleben. Damit das Gewicht nicht zu einseitig ist, fertigen Sie aus dem Weihnachtsstoff kleine Sandsäcke und hängen diese hinter dem Rücken des Nikolauses an den Korb.

Tip:
Falls der Korb zu groß sein sollte, legen Sie unten eine halbe bezogene und versäuberte Styroporkugel hinein.

Beo, der Dosenschaukler

- 1 Holzspandose, 9 cm x 12 cm
- Grüne Keramikfarbe
- 1,5 m rotkariertes Band, 2,5 cm breit
- Strukturschnee
- Weißer Chenilledraht
- 2 Holzschuhe
- 4 weiße Pompons, 6 cm Ø
- $1^{1}/_{2}$ rote Holzperlen, 6 cm Ø
- 1 Holzbutton für den Kopf, 25 mm Ø
- 1 Holzbutton für den Körper, 30 mm Ø
- Roter und weißer Samtfaden
- 8 cm Strickschlauch für die Mütze, 3 cm breit
- Roter Filz
- Schwarzer, nicht ausfasernder Filzstift

Die Spandose anstreichen und gut trocknen lassen. Das karierte Band straff um den Deckelrand kleben. Den roten Filzkörper laut Zeichnung ausschneiden und nur den Oberkörper auf die Spandose kleben. Den weißen Chenilledraht als Schaukel um das Männchen legen. Die Filzbeine über der Schaukel frei schweben lassen. Nun die Schaukel festkleben. Das Gesicht auf den kleinen Button malen und ebenfalls festkleben. Aus den weißen Samtfäden die Haare flechten und befestigen, den Strickschlauch versäubern und als Mütze festkleben. Den Bauchbutton mit halben Holzperlen verzieren, die Holzschuhe und die Pompons sowie die Seitenschleife befestigen. Nun nur noch den Bauch und die Dose mit Strukturschnee verzieren.

Leo, das Ringmännchen

- Roter Filz
- 1 Holzring, 10 cm Ø
- Roter Samtfaden
- 8 cm Strickschlauch, 3 cm breit
- 3 Pompons, 6 mm Ø
- 1 Holzbutton, 25 mm Ø
- 1 Holzbutton, 30 mm Ø
- 2 Holzschuhe
- $1^1/_2$ rote Holzperlen, 6 mm Ø
- Schwarzer, nicht ausfasernder Filzstift

Leo wird wie Beo hergestellt und dann auf den Ring geklebt.

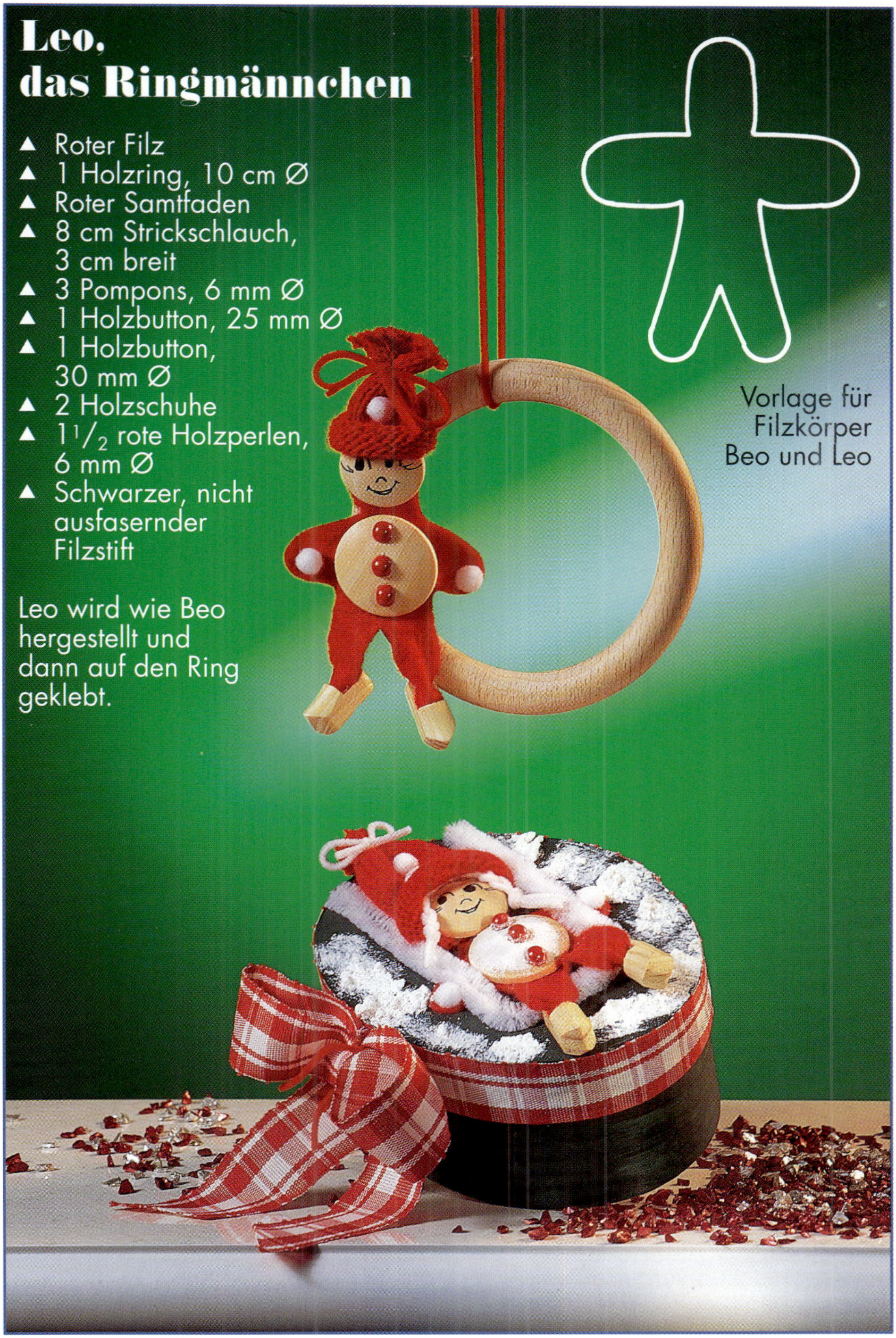

Vorlage für Filzkörper Beo und Leo

Swenja, die Braunlockige

- Braune Kunsthaarlocken
- 1 Button, 4 cm Ø
- 1 Schaschlikspieß
- 1 m grünes Satinband, 3 mm breit
- 10 cm geringelter Strickschlauch, 4 cm breit
- 1 weißer Pompon, 18 mm Ø

Björn mit dem Filzschal

- 1 Holzbutton, 25 mm Ø
- 1 Holzstab
- 12 cm grüner Filz, 1 cm breit
- 8 cm roter Strickschlauch, 3 cm breit
- Schwarzer, nicht ausfasernder Stift

Nele, das Stabmädchen

- Weiße Kunsthaarlocken
- 60 cm Strickschlauch, 1 cm breit
- 2 weiße Pompons, 20 mm Ø
- 8 cm Strickschlauch, 3 cm breit
- 1 Holzstab
- 1 große Holzkugel mit bemaltem Gesicht

Die Holzkugel bzw. den Button auf den Stab kleben. Den Kopf mit Kunsthaarlocken verzieren. Die versäuberte Strickschlauchmütze befestigen und die versäuberten Enden des Schals mit Pompons verschönern.

Niki, der Stabnikolaus

- 1 Holzstab
- 1 Holzkugel, 4 cm Ø
  Füllwatte
- 1/2 rote Holzkugel, 6 cm Ø
- 1 Brille
- Weiße Kunsthaarlocken
- 1 Glocke
- 20 cm Strickschlauch, 4 cm breit
- Schwarzer, nicht ausfasernder Stift

Das Gesicht aufmalen und die Haare ankleben. Die halbe Holzkugel als Nase befestigen und die Füllwatte als Bart ankleben.
Eine Mütze aus Strickschlauch anfertigen, festkleben und mit einer Glocke am Ende versehen.
Die Brille auf die Mütze stecken und Niki auf den Stab kleben.

Lasse, der Schornsteinfeger

- 1 Styroporkugel, 10 cm Ø
- 1 Styroporkugel, 8 cm Ø
- 14 cm schwarzer Strickschlauch für den Körper, 10 cm breit
- 14 cm schwarzer Strickschlauch für den Kopf, 8 cm breit
- 16 cm schwarzer Strickschlauch für die Arme, 2 cm breit
- 16 cm Chenilledraht, schwarz
- 1 großer Zylinder
- 2 Wackelaugen, 10 mm Ø
- Rote und schwarze Lackmalfarbe
- 2 Holzkugeln, 12 mm Ø
- 1 Holzleiter
- Kupferdraht
- 1 Holzstab
- Schwarzes Satinband
- Stecknadeln mit schwarzem Kopf

Die Styroporkugeln mit Strickschlauch überziehen, versäubern und übereinanderkleben. Anschließend den Schornsteinfeger auf einer Holzscheibe befestigen. Die Augen aufkleben und das Gesicht anmalen. Den Chenilledraht mit Strickschlauch überziehen und versäubern. Am Ende jeweils eine Holzkugel festkleben. Die Arme um den Nacken legen und befestigen. Den Draht zu mehreren Schlingen übereinanderlegen und Lasse in die rechte Hand oder in den Arm kleben.

In der linken Hand wird die Leiter befestigt. Sie können dem Schornsteinfeger noch eine Satinschleife um den Hals binden und seinen Bauch mit Knöpfen bestecken.